AF509303

LETTRES

AUX

GENS DE FROTEY

SUR UNE COMMUNE MODÈLE

PAR

AUGUSTE GUYARD

Auteur des *Quintessences*, anc. réd. en chef du *Bien Public*.

« L'industrie appelle tous les jours les hommes dans les villes et les énerve. Il faut rappeler dans les campagnes ceux qui sont de trop dans les villes, et retremper en plein air leur esprit et leur corps. »
(Louis-Napoléon-Bonaparte)

PROGRAMME. DIGNITÉ ET BONHEUR DU PAYSAN.

Prix : 1 Franc.

Au profit de l'Œuvre sociale de Frotey-lez-Vesoul.

PARIS

E. DENTU, ÉDITEUR,
PALAIS-ROYAL, GALERIE D'ORLÉANS.

Mme G. MAILLEY,
23, RUE CASSETTE, 23.

1863

APPEL

A mes anciens souscripteurs, à mes élèves, à mes amis et aux amis de mes amis ; à tous ceux qui me connaissent et qui m'estiment ; à toutes les personnes généreuses qui veulent laisser après elles une œuvre qui reste, et des noms bénis gravés sur l'airain et dans les cœurs d'une commune.

Ces lettres sont en même temps un livre et le commencement d'une œuvre sociale de la plus haute importance.

L'œuvre a pour but d'élever la petite commune de Frotey-lez-Vesoul (Haute-Saône) — lieu de ma naissance, — au rang de commune modèle, surtout au point de vue moral.

Le livre, publié au profit de l'œuvre, doit la préparer, l'expliquer et commencer à la réaliser. Il formera un volume de 200 à 250 pages publié en dix ou douze livraisons à 1 fr.

Le prix de l'ouvrage entier est de 10 fr.

L'œuvre comprend : des coopérateurs, des bienfaiteurs et des co-fondateurs.

Tout souscripteur à un exemplaire des *Lettres aux gens de Frotey* sera inscrit au livre d'honneur des coopérateurs.

Tout souscripteur à 10 exemplaires sera inscrit au livre d'honneur des bienfaiteurs.

Tout souscripteur à 100 exemplaires sera inscrit au livre d'honneur des co-fondateurs.

Mais tous les noms inscrits à ces trois livres d'honneur, Dieu les gravera lui-même au livre de la vie éternelle.

Les titres de coopérateurs, de bienfaiteurs ou de co-fondateurs pourront être aussi accordés aux personnes qui, ne pouvant pas souscrire de leur bourse, rendraient à l'œuvre d'autres services.

Adresser les communications qu'on aurait à faire à l'auteur. chez Mme G. Mailley, 23, rue Cassette, à Paris.

PROGRAMME

DE LA COMMUNE MODÈLE DE FROTEY-LEZ-VESOUL.

Tant que la commune rurale sera un foyer d'ignorance, de malpropreté et d'ennui dépouvu de presque tous les bienfaits et les agréments de la civilisation, le paysan continuera d'émigrer dans les grands centres, et le citadin refusera de résider au village. Chose plus grave et non moins vraie, tant qu'on verra chez nous des privilégiés de la science et des esclaves de l'ignorance; tant qu'une même éducation n'y aura pas mêlé les villes et les campagnes dans une forte unité morale et intellectuelle, l'unité nationale n'y sera qu'à moitié fondée, et il y aura en France *deux peuples* séparés d'esprit et de cœur, deux peuples ennemis, dont l'inimitié pourrait, à un moment donné, se traduire en guerre civile.

C'est à rendre la campagne attrayante, c'est surtout à compléter *l'unité française* par *l'unité morale* que je voudrais travailler par mes *Lettres aux gens de Frotey* et ma commune mo .le.

Par commune rurale modèle, j'entends, avant tout, une gerbe de familles liées par une bonne éducation et par un large sentiment religieux, qui s'entr'aimeraient comme des sœurs; une commune intellectuellement et moralement émancipée, qui subordonnerait aux intérêts spirituels les intérêts matériels rarement en souffrance quand les premiers prospèrent.

J'entends ensuite une commune qui réunirait, pour les améliorer encore, si possible, toutes les améliorations sociales matérielles consacrées par l'expérience, qui sont maintenant éparses dans nos 36,000 communes ou concentrées dans la capitale.

On peut appeler ma commune idéale ou artistique, puisqu'à la manière de l'artiste et de l'abeille, je crée d'éléments çà et là disséminés un tout qui n'existe nulle part; mais on n'aurait pas le droit de l'appeler utopique ou systématique, car je n'invente aucun de ses éléments.

Si j'émancipe ma commune modèle, il est entendu que ce n'est point de l'administration. Le gouvernement seul peut déclarer la majorité des communes ou rendre moins sévère la tutelle administrative. Je le vois avec bonheur entrer largement dans cette voie. Une forte autorité centrale n'a en effet rien à craindre d'une liberté rayonnante. Plus un gouvernement dispersera de science, d'art, de lumière, de liberté, plus il excitera et dégagera d'intelligence et d'amour latents, plus il lui en reviendra d'une manière directe ou indirecte, plus il récoltera de partout ce qu'il aura partout libéralement éveillé, répandu.

Pour réaliser mon idéal, il me faudrait une commune riche, peuplée de 1,500 à 2,000 habitants environ, et douée de bonne volonté.

La commune de Frotey veut bien se laisser faire; mais elle est pauvre; ses revenus ordinaires ne dépassent guère deux mille francs, elle est obligée chaque année de prendre sur ses ressources extraordinaires pour faire face à ses dépenses. Frotey compte à peine aussi 550 habitants.

Pour me procurer des fonds, je publie d'abord ces lettres, qui y suffiraient si elles avaient le bonheur de se vendre seulement à 150,000 exemplaires, comme certains placards de cour d'assises ou certains programmes de fêtes parisiennes. Mais comme ici le succès d'une idée est le plus souvent en raison inverse de son importance sociale, je dois moins compter sur la vente de mon livre que sur les moyens ordinaires de recueillir de l'argent : loteries, ventes, bals, concerts, matinées et soirées musicales et littéraires, etc.

Avec de l'argent, j'aurais vite triplé, quadruplé la population de Frotey, en y créant quelque industrie importante. Mais, j'aimerais mieux voir ma commune, et celles de Quincey et de Colombe, distantes l'une de l'autre d'un à deux kilomètre, au plus, s'associer pour les institutions utiles aux trois qui dépasseraient les ressources de chacune, en attendant que leur intérêt mieux compris les engageât à se fondre dans une seule et même municipalité. Une telle fusion, chaque fois qu'elle serait possible, serait aussi dans l'intérêt de l'Etat puisqu'en diminuant le nombre des municipalités, elle simplifierait l'administration générale.

Le programme qui suit est loin d'être complet et définitif; ce n'est qu'un exemple pour mieux faire comprendre ma pensée. Il est susceptible d'additions, de retranchements, de toutes les modifications capables de l'améliorer et de le rendre plus pratique. J'appelle à mon aide pour le terminer tous ceux que mon œuvre intéresse. Je le réaliserai peu à peu en proportion de mes ressources pécuniaires, dont une *commission contrôlera l'emploi dès qu'il y aura lieu.* Jusqu'ici ces ressources se composent exclusivement de souscriptions à mes lettres et du don annuel de Suleyman Kkan qui, dans sa confiante amitié, veut nous en laisser à moi et à ma famille la libre disposition dans le plus grand intérêt de l'œuvre de Frotey.

PREMIÈRE PARTIE DU PROGRAMME.

Je voudrais d'abord fonder à Frotey :

1o Salle d'asile avec jardin pour les enfants de deux à six ans ;

2o Bibliothèque spéciale pour les enfants des écoles, et petit musée artistique, industriel et d'histoire naturelle ;

3o Gratuité de l'enseignement consistant à rembourser le prix annuel d'écolage par une rétribution mensuelle de 50 c. aux enfants assidus à l'école ;

4° Bibliothèque communale et musée artistique, industriel, etc., et d'histoire naturelle, avec cabinet de physique
et de chimie pour la commune. — Télescope et microscope
solaire ;

5° Cours du soir et du dimanche pour les adultes des deux
sexes : morale, hygiène, économie rurale et domestique, code
rural, dessin linéaire et arpentage, musique vocale, notions
de physique, de chimie et d'histoire naturelle appliquées à
l'agriculture, à l'industrie et à l'économie rurale et domestique ;
leçons de labourage, de culture et de taille des arbres et des
vignes, données par des professeurs étrangers et par les agriculteurs, les horticulteurs et les vignerons les plus habiles
de la commune, etc.

6° Examens et concours trimestriels des écoles communales,
des cours d'adultes ; petites comédies et distribution de récompenses.

7° Prix spéciaux : 1° d'obéissance; 2° d'initiative ou d'émancipation ; 3° de bonne volonté persévérante ; 4° d'ordre et de
propreté ; 5° de politesse et de respect envers les parents, les
maîtres, les femmes, les vieillards, les étrangers ; 6° de respect
pour la vie et les nids des petits oiseaux ; 7° de bons traite-
ments envers les animaux domestiques ; 8° de bonnes
mœurs pour les jeunes gens des deux sexes. — Ces deux
derniers prix consistant en deux livrets de caisse d'épargne, de
50 fr. chacun, et en deux couronnes, l'une de roses blanches
pour une *Rosière* ; l'autre de lis et de feuilles de chêne entre-
mêlés, pour un *Liséen* ;

8° Distribution solennelle de prix aux enfants, aux adultes, etc., le 15 août de chaque année, jour de la fête pa-
roissiale ;

9° Service médical, comprenant : 1° un médecin attaché à
la commune ; 2° deux gardes-malades formées à l'hôpital de
Vesoul ; 3° un dispensaire ; 4° une pharmacie.

10° Service vétérinaire ;

11º Sociétés de secours mutuels et assurances diverses ;

12º Reboisement des communaux par des arbres fruitiers déjà gros, qui n'empêchent pas le pâturage : noyers, cerisiers, pommiers, sorbiers, châtaigniers, etc. ; plantations d'arbres fruitiers tout autour du bois, le long des routes, des chemins vicinaux et de défruitement, et tout autour du territoire pour le délimiter ; clôtures des propriétés particulières par des haies d'arbustes à fruits et à baies utiles : groseilliers épineux, épines-vinettes, prunelliers, framboisiers, etc. ;

13º Spécialités industrielles telles que : éducation des abeilles, des truites, etc. ; confitures de légumes et de fruits ; vin de groseille ; culture du topinambourg et de la grande ortie ; fabrication du verjus, de l'eau de noix, du brou ; exploitation des fromagères du canton qu'on enverrait à Paris en petites boîtes de sapin de deux à trois sous ; commerce en grand des noix, etc. ;

14º Prix nombreux pour toutes les espèces d'initiatives utiles à la commune ;

15º Disposition des fumiers plus conforme à l'hygiène publique, à la propreté et à l'économie rurale, et fabrique d'engrais artificiels ;

16º Ecole professionnelle et ferme modèle d'expérience et d'acclimatation pour le canton de Vesoul ;

17º Exposition et concours agricoles annuels entre les communes de Frotey, Quincey, Colombe, et distribution de récompenses les 15 et 16 août ;

18º Académie morale, agricole, artistique, scientifique et industrielle de Frotey.

SECONDE PARTIE DU PROGRAMME.

Je voudrais ensuite à Frotey :

1º Une église rurale *modèle* pour une population de 2,000 habitants ; une cure *modèle* ; un jardin-cimetière hors de la commune ; — Je commencerais par l'église — *ab jove principium* — si j'avais des fonds suffisants ;

2º Une vaste maison commune *modèle*, renfermant salle de cours et de concerts, théâtre, magasins, caves et greniers publics, etc. ;

3º Une crèche et une salle d'asile *modèles* avec jardins ;

4º Ecoles communales *modèles*, avec jardin, champ, pré, vigne ;

5º Galeries couvertes pouvant servir de halles, de marché, d'entrepôts, de lieux de concours, d'exposition et de distribution de prix ; de jeux et de promenades pendant l'hiver ;

6º Bains, fontaines, lavoirs, squares publics ; éclairage au gaz ou à l'huile de pétrole ;

7º Maisons particulières modèles pour cultivateurs, horticulteurs, vignerons, etc., d'où la lourde *lave* disparaîtrait de la toiture ; maison de santé modèle ; orphelinat et maison de retraite pour les infirmes et les vieillards ;

8º Achat par la commune d'instruments agricoles perfectionnés : machine à battre, etc., à arracher en mottes et à replanter les grands arbres, etc., instruments que la commune prêterait moyennant une faible rétribution ;

9º Tribunal de prudhommes pour faciliter les échanges de terres et éviter les procès ;

10º Comptoir de prêts sur l'honneur et d'avances sur denrées ;

11º Prix de drainage et de défrichement ;

12º Gratifications annuelles aux fonctionnaires de la commune proportionnelles à leur zèle et aux services rendus ;

13º Une petite fête communale à chaque naissance, chaque mariage et chaque mort, fête à laquelle assisterait au moins une personne de chaque famille ;

14º Les quatre grandes fêtes religieuses de Pâques, la Fête-Dieu, l'Assomption, la Toussaint, devenant aussi les quatre grandes fêtes civiles : 1º de l'homme, 2º de Dieu, 3º de la famille, de la patrie et de l'humanité, 4º des morts et de l'immortalité ;

15º Des armes pour la commune et un droit de bourgeoisie pour les étrangers ;

16º Journal, annuaire et fastes de Frotey ;

17º Histoire de Frotey, suivie d'une statistique géographique, géologique, agricole, industrielle.

Ce programme, que mes *Lettres* expliqueront, développeront successivement, ne se réaliserait qu'en partie, peut-être ; et très-lentement, sans doute, si j'en étais réduit aux seules ressources de ma famille, de mes amis et des adhérents que me feront très-lentement *mes Lettres*, et le *Journal de Frotey* qui les suivra.

Mais il se réaliserait très-promptement : si les personnes riches et aisées, si les journaux voulaient m'aider; surtout si le gouvernement m'accordait la loterie d'un million que je vais lui demander.

Ou bien si les 36,000 communes de France, toutes intéressées à ce que dans l'une d'elles s'incarne le plus vite possible l'idéal que toutes poursuivent, voulaient souscrire chacune à dix exemplaires de mes *Lettres aux gens de Frotey.*

Ou bien, enfin, si chaque famille parisienne consacrait à mon œuvre le prix de toutes les vieilleries, de toutes les inutilités, de toutes les choses hors d'usage qui encombrent les greniers, les caves et les cabinets borgnes de chaque maison.

Quel beau neuf je ferais avec tout ce vieux !

BULLETIN

De l'Œuvre de Frotey-lez-Vesoul.

La lettre à mon frère, qui forme mon premier bulletin, ayant
été favorablement accueillie, en voici une autre, un peu trop
intime, peut-être, mais qui, par son intimité même, montrera,
mieux encore que la première, les sympathies profondes que
l'œuvre de Frotey a remuées au fond des âmes généreuses. Si
'amour des œuvres sociales et l'esprit d'initiative pour le bien
n'étaient pas un invincible penchant de ma nature, plutôt
qu'une vertu et un mérite, les adhésions élogieuses dont je
donne ici des extraits, seraient la seule récompense que j'am-
bitionnerais. On me pardonnera donc, je l'espère, de les étaler
avec complaisance, comme on pardonne, en souriant, à certains
décorés, les brochettes de rubans et de croix qui émaillent
leur noble thorax, pendant un tiers de mètre.

J'aimerais mieux qu'on voulût ne supposer en moi ni orgueil, ni vanité, ni même immodestie, mais le seul désir d'être
utile à mon œuvre en opposant à ses adversaires, ses approba-
teurs et ses amis. — Car elle a ses adversaires, et même en assez
grand nombre. Un spirituel souscripteur m'en signale jusqu'à
douze espèces dont il m'envoie les croquis très-ressemblants,
dit-il. — La modestie, selon moi, consiste moins à rougir de-
vant les louanges, qu'à les recevoir avec une joie attendrie,
pour les reporter à l'auteur de tout bien, et pour en décorer, non
sa personne, mais son drapeau.

A propos de louanges, on m'a reproché de les avoir prodi-
guées dans mon premier bulletin avec une ennuyeuse mono-
tonie. Mon bulletin n'est point une œuvre d'art; et je tiens à
n'associer à mon œuvre de Frotey que des personnes dignes
d'admiration et d'éloge. L'admiration, éloge muet, concentré,
fatigue; l'éloge, admiration expansive, repose. Aussi aimé-je
à louer autant que j'abhorre de flatter. La louange est une

hygiène de l'âme dont je me garderai bien de me corriger. Ceux que la louange ennuie feront donc sagement de ne plus lire mes bulletins.

———

Paris, 25 juillet 1863.

A Don Luis F. Guiard (1) *à Mexico.*

Mon cher Ferjeux, j'arrive tout rayonnant de Versailles d'où je rapporte, pour mon œuvre, mieux que des billets de banque : la bénédiction d'un saint et savant prélat, d'un théologien philosophe, d'un évêque à la Fénelon.

J'ai dit à Monseigneur Mabile en lui baisant respectueusement la main :

« Monseigneur, j'ai prié Dieu de bénir mes *Lettres aux gens de Frotey*, et voilà cent lettres et vingt articles de journaux pleins de sympathies et d'éloges qui montrent que j'ai été exaucé. Aujourd'hui, je viens, au nom de Jésus-Christ, dont nous sommes tous deux les disciples à des titres si différents, vous prier de bénir *mon œuvre.* »

Sa grandeur m'a répondu :

« Vous ne devez, en effet, qu'à Dieu seul compte de vos opinions, dont votre œuvre est parfaitement distincte. L'œuvre, donc, je l'approuve et je la bénis. Revenez me voir, je vous aiderai, autant que je le pourrai, dans votre projet d'église et d'hôpital à Frotey. »

L'idée d'un hôpital ou plutôt d'une maison de santé m'est venue à propos d'un secours demandé par Mlle Thierry, de Frotey, pour une petite orpheline malade. Cette enfant âgée de douze ans, dont le père a été tué en travaillant au chemin de fer de Vesoul à Belfort, avait été recueillie par une tante vieille, paralytique et mendiant son pain.

(1) Par une malheureuse habitude d'enfance, mon frère signe Guiard, comme mon père, et moi Guyard, comme mon grand-père.

Dans son apostille à la demande de Mlle Thierry, M. le maire de Frotey me dit :

« Mademoiselle Thierry a fait dans cette circonstance une action bien louable en faveur de cette infortunée ; elle mérite d'être secondée dans sa bonne œuvre. »

L'action de Mlle Thierry est une quête qui a produit les trente francs nécessaires pour faire entrer la petite malade pendant un mois à l'hôpital de Vesoul. Au bout de ce temps, si l'enfant n'est pas guérie, je la ferai soigner à Frotey, chez sa tante ou dans une famille voulant la recevoir, par une personne qui aimerait à garder les malades et que j'enverrais apprendre son métier chez les dames hospitalières de Vesoul. Au besoin, je pourrais louer deux chambres : l'une pour la jeune malade, l'autre pour sa garde.

Je viens d'écrire à M. le docteur X. pour lui proposer d'être le médecin ordinaire de Frotey, où je voudrais établir un dispensaire homœopathique gratuit. Quant aux médicaments, je n'ai plus à m'en occuper. MM. Catellan frères, pharmaciens homœopathes à Paris, récemment décorés par la reine d'Espagne pour les soins consciencieux qu'ils apportent à la préparation de leurs médicaments, veulent bien se charger de la fondation et de l'entretien de la pharmacie de Frotey.

Lorsque, il y a quelques mois, je dédiai à M. Rouland ma *première lettre aux gens de Frotey*, j'étais loin de prévoir qu'il fût si près de quitter l'Instruction Publique où son nom dominait tous ceux des anciens ministres. Cette retraite serait un malheur pour mon œuvre, si je n'avais l'espoir d'arriver à M. Duruy par le premier vice-président du Sénat. D'ailleurs le nouveau ministre a dit un mot gros de promesses, un mot qui l'oblige à continuer son glorieux prédécesseur :

» L'empereur nous demande de lui faire *des hommes* et non pas seulement *des bacheliers*. »

Des hommes ! c'est ce que je priais moi-même, il y a 20 ans.

dans mon journal, M. de Lamartine de m'aider à faire, avant de travailler avec lui à l'émancipation politique des masses.

Des hommes ! c'est ce que je voulais l'aider à créer en 1848, quand je demandais une inspection des écoles primaires en lui disant : *le suffrage universel* suppose *l'instruction universelle.*

Faire des hommes ! enfin, c'est l'œuvre capitale que j'entreprends aujourd'hui par mes *Lettres* et par ma commune modèle de Frotey.

Cette fois, mon cher ami, je vais vous faire voyager non pas en wagon, de Paris à Vesoul, mais à travers ma correspondance, et dans un ballon gonflé par un fluide bien autrement dangereux que l'hydrogène. La louange crève quatre vingt-dix-neuf ballons sur cent, tant il est difficile de mesurer le lest et de manœuvrer la soupape.

Lâchez les cordes ' et Dieu nous garde !

A Monsieur Auguste Guyard, à Paris.

« Toutes les personnes, et il y en a encore passablement, qui ne font pas leur Dieu des prés, des champs, des vignes, ont été touchés, comme moi, à la lecture de votre *première lettre aux gens de Frotey* et à la nouvelle du don que vous avez obtenu en notre faveur des œuvres du grand Lamartine, vénéré à Frotey... Je vous remercie en mon nom, et au nom d'un grand nombre de mes administrés, du dévouement dont votre village natal est l'objet de votre part. Si, pour vous seconder, il ne faut que ma bonne volonté et mon dévouement ils ne vous feront pas défaut. »   VERNEREY,
                          Maire de Frotey-lez-Vesoul.

« Je vous remercie, Monsieur, de l'orgue harmonium que vous nous avez envoyé, il fait très-bien et tout le monde en est bien content.

» ... L'instituteur vous a envoyé les pièces concernant l'église de Frotey... Permettez-moi de vous dire que la chose principale et la plus urgente à faire ici c'est d'agrandir notre église ou d'en bâtir une nouvelle. Si vous avez quelque espoir de réussir, c'est vers ce but que doivent tendre vos premiers efforts. L'église actuelle étant trop petite bien des gens ne peuvent venir aux offices.»   J.-Cl. VERNIER, curé de Frotey.

En effet, j'ai entre les mains une enquête de M. Simonin, juge de paix du canton de Vesoul ; un rapport de M. Février, architecte du département, et une lettre de M. le préfet au maire de Frotey, qui constatent une insuffisance de cent places, au moins, dans cette petite église si mal bâtie, si mal saine, et concluent à la nécessité de l'agrandir. Le rapport de l'architecte ajoute que le cimetière entourant l'église est aussi beaucoup trop petit, et dangereux pour la santé publique.

———

« L'œuvre que vous entreprenez en faveur de Frotey est si grande, si belle, si admirable que les termes nous manquent pour vous en parler dignement.

«Les enfants de cette commune vous seront redevables d'une instruction plus solide, et surtout plus morale, et tous deviendront, grâce à vous, des hommes de bien, d'honnêtes citoyens.

«... Nous regrettons de ne pouvoir témoigner aussi notre reconnaissance à M. de Lamartine ainsi qu'à vos illustres coopérateurs. Vous serez auprès d'eux notre interprète ; vous leur direz combien nous sommes pénétrés de gratitude pour leurs bienfaits et combien nous voudrions nous en montrer dignes. »   BONNAMY, Instituteur à Frotey.

« P. S. Voilà plusieurs dimanches que j'accompagne les offices avec l'orgue harmonium. Je ne saurais vous dire combien les gens sont contents, non pas de l'organiste qui est loin de jouer à la perfection, mais de celui qui a fait don de l'orgue. »

B.

———

«... Permettez moi, Monsieur, de vous exprimer mes remercîments et ceux de toute ma famille pour les dons superbes dont vous avez gratifié notre commune. Les cérémonies de l'église, si belles déjà, sont plus belles et plus imposantes encore depuis que nous possédons un orgue harmonium ; et les longues veillées d'hiver paraîtront trop courtes en lisant les magnifiques ouvrages dont vous avez enrichi la bibliothèque de Frotey. »

MARIA THIERRY.

_____

« ... Votre seconde *Lettres aux gens de Frotey* est parfaitement écrite et sentie, comme tout ce qui émane de votre plume, et vos idées sur l'essence de l'homme et sur ses rapports avec la Divinité sont aussi les miennes. »

Sophie C. ISOARD, née MURRAY DE CRINGLETIE.

_____

« J'apprends avec grand plaisir, mon cher M. Guyard, que votre œuvre est en bonne voie et je m'en réjouis sincèrement avec vous. Je conçois la cordialité de l'accueil que vous ont fait les gens de Frotey. Ils ont lu dans votre âme, et ils ont vu tout ce qu'elle renfermait pour eux de bienveillance, de tendresse et d'affectueux dévouement. Votre nom, soyez en sûr, vivra longtemps dans le cœur de vos compatriotes et les enfants dont vous encouragez si noblement les études le transmettront avec reconnaissance aux générations à venir. Continuez, mon cher ami, et menez à bonne fin votre belle entreprise dont l'achèvement vous sera une digne récompense. Il est si doux de passer ici-bas en faisant le bien et de laisser quelque trace utile de notre rapide passage sur la terre. »

J.-B. PERENNÈS.
Doyen de la faculté des lettres et secrétaire
perpétuel de l'académie de Besançon.

_____

« ... Vos *Lettres* sont charmantes et profondes... J'y souscris de grand cœur pour dix exemplaires. *Commune modèle*, excellente idée ! fonder, répandre des noyaux de société modèles, c'est donner la victoire à nos idées ; au vrai, au bon et au beau, splendeur du vrai et du bon. » Achille ALBITÉS,
Professeur au collége de Birmingham.

_____

« Vos *Lettres aux gens Frotey*, quel beau, quel touchant livre ! Toute votre âme, tout votre cœur, toute votre intelligence sont là. J'ai été si heureux de voir le *Siècle* d'hier en dire quelques lignes préparatoires, écrites d'avance en moi !

Votre terre natale, votre mère, vos enfants, vos amis comme tout cela vit ou revit sous votre plume !

« ... Votre seconde lettre surtout m'a été au cœur et à l'intelligence. Le chapitre de la *dignité de l'homme* qui fait l'objet même de la lettre est un traité de la morale la plus salutaire, parce qu'elle est la plus pratique ; c'est comme la civilisation de l'avenir.

» ... Et votre style dans tout cela a grandi avec les questions.

» ... J'applique de grand cœur cent francs à dix exemplaires de vos lettres. Tout ce qui me rapproche de vous et ce qui est vous m'est un vrai bonheur. Vous pouvez aussi faire de moi l'un des quatre vingt-dix-neuf membres *actifs* de votre académie : Mais hélas ! qui me donnera l'activité que les maladies, et les chagrins m'ont enlevée ?

» ... Les généreuses libéralités de Suleyman ne m'étonnent pas, mais elles m'enchantent : tout ce qui vient de lui doit être, comme vous, grand et sympathique. Voici pour lui ma photographie avec quatre vers :

> Comme la feuille, aux vents, l'avenir nous disperse ;
> L'homme habite et déserte un camp mal affermi.
> Mais partout, Suleyman, jeune Français de Perse,
> Pour vos Persans de France ayez un cœur d'ami !

» À vous de tout moi,　　　　　ÉMILE DESCHAMPS.

« J'ai reçu et lu, mon cher Auguste, avec un vif intérêt votre *seconde lettre aux gens de Frotey*. S'ils peuvent la comprendre votre besogne est plus d'à moitié faite... Elle n'a qu'un défaut, mais, suivant moi, capital ; elle est au-dessus de leur portée. Je vous engage à baisser d'un ton.　　　CHARLES WEISS.

J'ai répondu à l'illustre bibliothécaire : mes lettres s'adressent avant tout aux riches et aux savants que j'appelle à les traduire en faits par toute la France, comme je le fais moi-même à Frotey. Si les gens de mon village ne comprennent pas tout le texte de mes lettres, ils en comprendront du moins ma traduction en actes.

« Quand la *Société d'agriculture, sciences et arts de Poligny* vous a nommé, à l'unanimité, membre correspondant, nous n'avions pas encore entre les mains vos belles *Lettres aux gens de Frotey*. Je viens de les lire et je vous avoue que le titre que nous vous avons conféré me paraît bien infime pour récompenser le zèle généreux que vous apportez à l'amélioration de la société. Je me réserve de vous présenter dans une de nos plus prochaines séances en qualité de membre honoraire. »

Le secrétaire JUST PIDANCET.

« Je m'associe de grand cœur à votre œuvre comme souscripteur à vos lettres, cher monsieur. Ci-joint un petit mandat. Ce n'est point à l'un des hommes riches auxquels vous faites appel que sera dû ce faible concours, et j'espère qu'ainsi il aura quelque mérite de plus à vos yeux.

» ... Si j'avais été riche, il y a quinze ans que serait réalisé à la Chapelle-Gaugain le projet décrit dans *l'extinction du paupérisme*... Puissiez-vous ne pas rencontrer tous les obstacles qui se sont trouvés sur mon chemin !   D' SAVARDAN. »

Le docteur Savardan, ancien chirurgien major, ancien maire, ancien inspecteur d'écoles primaires et du travail des enfants dans les manufactures, ancien secrétaire de comices agricoles, est l'auteur de dix ou douze ouvrages importants sur la médecine et les sciences sociales.

« ... On m'a traduit vos charmantes lettres qui m'ont fait vivement ressentir le malheur de ne pas connaître votre belle langue. Mais je me console en pensant au bonheur qu'a notre cher Suleyman Khan de se nourrir près de vous de ces idées fécondes dont notre pays a un si grand besoin... En instruisant Suleyman par vos paroles et par vos exemples, vous ne savez peut-être pas que vous préparez pour la Perse une grande et pacifique évolution !

» ... Permettez-moi de souscrire à vos *Lettres aux gens de Frotey* et croyez aux profonds sentiments d'estime et d'admiration de votre dévoué. »   MIRZA HASSAN.

1er secrétaire de l'ambassade Persane à Constantinople.

« ... Votre œuvre, est simple comme toutes les grandes choses... Quoi de plus simple, en effet, que de perfectionner l'humanité en commençant par soi-même, par sa famille, par sa commune, au lieu de demander ce perfectionnement à l'utopie ? C'est par sa simplicité même que votre idée a si longtemps échappé à la vue des chercheurs ; on marchait dessus sans la voir.

» Je m'associerai à votre entreprise de tout mon cœur et de tout mon faible pouvoir. D'abord voici en timbres-poste le prix de vos deux premières lettres ; leur généreuse destination vous ôte le droit de les *donner* à vos amis. »   JULES GOUX ,

Elève du service de santé militaire à Strasbourg.

« Par vos *Lettres aux gens de Frotey*, vous avez enfin mis le pied dans votre véritable voie, mon cher Auguste, et j'ai la douce satisfaction de voir que vous allez fonder une œuvre solide. Oui, cher ami, vous avez eu une initiative qui ne restera pas infructueuse ; et votre nom, déjà si honorablement connu, deviendra illustre. Heureux habitants de Frotey d'avoir un compatriote tel que vous !

» ... De temps en temps, je me mets à faire une fable ; et chaque fois j'aime à me rappeler que ma première vous a été dédiée. J'en ai environ 150 que je me propose de réunir en un petit volume que je vous dédierai aussi.

Je serai heureux de m'associer pour une petite part à votre belle œuvre de civilisation; un jour, peut-être, y pourrai-je concourir d'une manière plus efficace...»   ERNEST LAMBLOT,
Juge au tribunal de Monbéliard.

Un autre fabuliste distingué, Mlle Virginie Delafollie m'envoie avec sa souscription une fable charmante à moi dédiée qui se termine par ces deux vers :

> Celui qui pour le bien de l'humanité fonde,
> Mieux que les Pharaons lègue son nom au monde !

« Admirateur de toutes vos œuvres, cher et illustre confrère, je viens à vous, mais modestement, car ma position est changée... Excusez ma *ladrerie* et inscrivez-moi pour deux exemplaires. Mais je me rattrapperai en propageant dans nos riches cercles vos lettres si belles et si humanitaires.

» Malgré votre immense talent, le charme de votre plume, la grandeur du but, l'œuvre en elle-même, je me demande si, après la désolante épreuve faite par notre grand Lamartine, vous trouverez une seule souscription à cent exemplaires. Pardonnez mon doute, et croyez-moi éternellement votre admirateur passionné et votre fidèle ami. »   Cte ADOLPHE D'HOUDETOT,

Au milieu de vos montagnes mexicaines, mon cher Ferjeux, je vous souhaite, pour charmer vos nostalgies, les ouvrages sur la chasse de M. d'Houdetot ainsi que ses *Petites pensées d'un chasseur à l'affût* que je relis souvent en famille et avec mes amis. J'en extrais pour vous quelques-unes sur la bienfaisance :

Celui qui donne fait une meilleure affaire que celui qui reçoit.

Lequel devrait être le plus honteux de celui qui demande, ou de celui qui refuse?

Diviser son bien c'est le multiplier; chaque fraction devient aux yeux de Dieu aussi grande que le tout.

Donner... c'est prier.

La charité est une si belle chose que lorsqu'on donne pour autrui on serait impardonnable de donner moins que pour soi.

La seule manière délicate de diminuer la valeur de ses bienfaits... c'est de les multiplier.

Il y a des riches honteux qui n'osent tendre la main... pour donner.

Je crois même, mon cher Ferjeux, qu'il y en a plus qu'on ne pense de riches honteux, et c'est à ceux-là surtout que je fais appel. En souscrivant à une œuvre sociale ils n'ont pas à craindre d'humilier personne. Ici la main qui donne et la main qui reçoit peuvent sans rougir faire chacune la moitié du chemin.

———

«..... Telle qu'elle est, votre *Première Lettre aux gens de Frotey* doit être accueillie dans toutes les communes de France comme la *Bonne nouvelle*. Il serait à désirer qu'on pût la tirer à cent mille exemplaires... Cette lettre repose l'esprit et procure au cœur une douce émotion. On est heureux de penser qu'au milieu de tant d'égoïsmes qui ne pensent qu'à faire et à consolider leur fortune personnelle, il se trouve encore quelques belles âmes préoccupées de l'œuvre de *régénération sociale*. »

Le Rédacteur du *Bas-Breton*, L. CHAVIGNAUD.

Le *Bas-Breton* a aussi publié un article chaleureux sur l'œuvre de Frotey.

———

» J'ai reçu au moment de partir pour la campagne votre deuxième *Lettre aux gens de Frotey*. J'avais remis la première à un docte ami qui devait me donner une note d'appréciation et qui n'a pas compris votre œuvre. C'est qu'il ne vous connaît que comme littérateur.

» M'étant réservé la deuxième lettre, je l'ai lue et couverte d'annotations : c'est vous dire que je l'ai méditée : et je viens

vous demander pardon de ne pas m'être réservé tout d'abord
le premier parfum d'un ouvrage qui vient de vous, car il renferme toujours un parfum de progrès moral. Et cette fois-ci,
c'est une grande œuvre que vous poursuivez : ce n'est rien
moins que la régénération de l'éducation publique, par l'ordre
moral établi dans une *commune modèle* dont votre Frotey sera
le type. C'est bien par là, en effet, qu'il faut commencer ; et je
bénis d'avance, au nom de nos amis, la belle tâche que vous
entreprenez. Le premier numéro de notre Journal leur en
fera part.

» Ce que vous entreprenez, cher et honoré collègue, répond
d'ailleurs à nos efforts en vue du même but, dans la famille.
C'est par elle, par le rétablissement du culte de la famille,
comme chez les premiers chrétiens, que nous tâchons de ra-
nimer l'esprit religieux que la superstition et le matérialisme
ont dissipé, et sans lequel aucun genre de bien social ou indi-
viduel ne peut être acquis.

» Unissons donc nos efforts. Que la commune de Frotey de-
vienne par vous et vos adhérents la *première commune de
France* par l'initiative féconde dont elle donne l'exemple ; et le
progrès moral aura fait un pas bien sérieux, grâce à votre
dévouement, ou plutôt grâce à ce mérite de votre nature qui ne
vous fait trouver un bonheur complet qu'en appliquant votre
famille aux œuvres de bien public.

Ai-je besoin de vous dire que vos doctrines sont entière-
ment les nôtres; et que le mode à la fois touchant et démons-
tratif que vous employez pour les répandre est tout à fait dans
le sentiment de nos âmes. »   RICHE-GARDON.

M. Riche-Gardon, vénérable du *Temple des familles*, au
grand Orient de France, est en même temps le rédacteur en
chef d'un excellent journal de morale sociale, le *Journal des
Initiés* qui a pris pour épigraphe ces mots caractéristiques :
Dieu, l'immortalité de l'âme et l'amour du prochain.

Je m'arrête ici, mon cher Ferjeux. Ces extraits de lettres sont bien longs, peut-être. Je les ai crus nécessaires pour fixer votre jugement sur mon entreprise. Ne pensez-vous pas qu'une œuvre ainsi appréciée, encouragée, patronnée par d'honorables et parfois d'illustres représentants de toutes les conditions sociales, qu'une œuvre bénie en même temps par un prince de l'Eglise et par un éminent libre penseur, vénérable d'une loge maçonique, est né viable et qu'elle vivra ? Pour moi, ce n'est plus une foi, c'est une évidence.

Quelques autres souscripteurs sont venus honorer le livre d'honneur de mes coopérateurs ; ce sont : Mlles Julie de Douhet et R. L., dévouées à l'œuvre et qui voudront bien m'aider cet hiver à organiser des ventes. Mmes la comtesse Dash, Wagrosky et Morand ;

MM. Bourguin, de Coucy fils, Catellan frères, Eugène Picard et les docteurs Carrier, Chanet, Pénoyée.

M. Bourguin m'a remis en outre six volumes dorés sur tranche de son beau livre : *M. Lesage*, ou *Entretiens d'un instituteur avec ses élèves sur les animaux utiles*, pour servir à notre première distribution du 15 août prochain. En sa qualité de secrétaire de la Société protectrice des animaux, M. Bourguin m'a aussi promis de proposer aux récompenses de la *Société protectrice* ceux des enfants de Frotey qui se distingueront par leur respect pour les nids des petits oiseaux, et par leurs bons procédés envers les animaux domestiques.

Deux peintres distingués, Mlle Fohr et M. Mathias Leyendeker, m'ont promis des tableaux pour l'église.

M. de Coucy fils, en villégiature à Frotey, a bien voulu se charger de mes distributions mensuelles aux enfants des écoles, qui voient leur pièce de cinquante centimes prendre en tombant de sa main une proportion inaccoutumée. M. de Coucy continue le bienveillant patronage de Mme Isoard, que le jeu de bascule de la politique a momentanément ramenée à Paris.

M. Isoard a laissé de vifs regrets dans la Haute-Saône, où

son départ a augmenté le nombre de ses amis. J'espère que le nouveau préfet, M. le baron Tharreau, dont on dit beaucoup de bien, daignera continuer à mon œuvre la bienveillance dont l'honorait son éminent prédécesseur.

Un article fort remarquable de M. Filingre sur l'importance sociale de la musique, publié en tête du *Journal de la Haute-Saône*, m'apprend qu'il se forme à Vesoul cette société chorale dont ma seconde lettre regrettait l'absence au concours régional de mai dernier, et que je lui souhaitais pour ses futurs concours. Vesoul, en retard sur Gray, Lure, Luxeuil, etc., n'a pas voulu se laisser devancer par le petit village de Frotey. Voilà de l'amour-propre bien placé. Bravo à la ville aimée de notre enfance et que j'aimerai toujours ; ville endormie, mais bonne personne et qu'on peut réveiller même en sursaut sans qu'elle se fâche. Oui, j'aime Vesoul dont j'ai fréquenté toutes les écoles : enseignement mutuel, frères, collége, petit séminaire. À Frotey je dois la vie du corps ; à Vesoul, celle de l'âme ; cette ville m'a libéralement versé le lait de l'instruction primaire, le vin de l'instruction secondaire, avec l'amour et l'amitié. Aussi je serais bien heureux si Frotey pouvait être pour Vesoul la cause directe ou indirecte d'un progrès, quel qu'il soit.

Les succès de mes enfants ne sont pas étrangers à l'œuvre de Frotey, que tous ont adoptée et veulent continuer après moi. Vous apprendrez donc avec plaisir, mon cher Ferjeux, qu'Hannah, votre nièce, vient d'achever un grand portrait à l'huile de Mirza Saïd Khan, père de Suleyman Khan, et ministre des affaires étrangères de Perse. Ce grand portrait, fait d'après une photographie, carte de visite, est trouvé très-ressemblant par la colonie persane et a beaucoup de succès. Votre neveu, Antony, qui a le bonheur d'être le premier chimiste français appliquant le procédé de M. Ste-Clair Deville pour la fusion en grand du platine, dans les magnifiques ateliers de la maison Matthey, de Londres, Antony a découvert *un nouveau procédé d'extraction des métaux contenus dans les résidus platinifè-*

res. Une note de quatre pages sur ce procédé nouveau à eu les honneurs de la publicité dans les comptes rendus de l'Académie des sciences. C'est la sixième ou la septième fois déjà que les travaux de ce chimiste de 21 ans sont mentionnés dans les Bulletins de l'Académie des sciences.

Si vous trouviez un peu chargé mon tableau de Paris, placez-vous à mon point de vue. Je sais, comme vous, le contre-tableau magnifique qu'on en pourrait faire. Je sais bien que Paris est par ses artistes, par ses savants, par ses inventeurs, par ses écrivains, par ses hommes d'État et par ses philosophes la tête et le cœur de la France et du monde ; qu'il est aussi *l'eldorado* de l'homme qui veut y vivre d'une vie exclusivement intellectuelle et morale. Mais pour les gens ignorants et souvent déjà vicieux des campagnes, qui viennent chercher fortune à la grande ville, Paris est tel que je le dépeins.

La France est maintenant à Mexico, où elle a été accueillie en libératrice par tous les partis, fatigués de la guerre civile et de l'anarchie qui désolent et ruinent le Mexique depuis trente ans. Espérons que bientôt un gouvernement juste et fort, désiré, acclamé de tous, permettra enfin à ce beau pays de développer les merveilleux éléments de prospérité qu'il renferme et d'y fonder une civilisation digne sœur de la nôtre.

Pendant que les journaux retentissent du bruit des fêtes et de l'accueil enthousiaste que les Français reçoivent à Mexico, je prépare ma première distribution aux enfants et aux adultes de Frotey pour le 15 août prochain. J'ai quatre catégories de prix dont un autre bulletin vous donnera l'explication : 1º Prix d'obéissance ; 2º d'initiative ; 3º de persévérance ; 4º d'ordre et de propreté. Chaque catégorie ayant des 1ers, 2es et 3es prix, j'ai en tout 24 prix seulement à distribuer entre les 100 enfants des deux écoles ; mais à l'issue de la distribution, chaque enfant recevra comme cadeau de fête un livre qui lui rappelle surtout qu'il n'a point eu de prix.

Je ferai aussi ma première distribution de croix. Les deux

croix de persévérance sont deux grands soleils d'argent portant sur émail, au centre, une figure de femme, — image persane du soleil. Les 6 autres — d'obéissance, d'initiative, de propreté, — sont de gracieuses petites croix ordinaires en argent.

Frotey couronnera aussi pour la première fois, le 15 août prochain, sa *Rosière* et son *Liséen*. Ces deux prix d'adultes donnés par voie de suffrage universel, consistent en deux livrets de caisse d'épargne de 50 fr. chacun et en deux couronnes; l'une, de roses blanches pour la *Rosière*; l'autre, de lis et de feuilles de chêne pour le *Liséen*.

Bientôt, mon cher Forjeux, je vous rendrai compte de cette solennité villageoise, qui aura lieu en plein air, sur le *Cane-checaux*, à l'endroit même où nous illuminions autrefois les nuits des jours de fête et la roche de Frotey de *Checanes* de sarments et de chenevottes, autour desquelles nous dansions les vieilles rondes et chantions les vieux airs de nos ancêtres; *Checanes*, airs et rondes rapportés par eux des plateaux de l'Arie, où jadis Perses et Celtes, nations sœurs, les allumaient, les dansaient et les chantaient ensemble.

AUGUSTE GUYARD.

P. S. Son Excell. Hassan Ali Khan, ambassadeur de Perse à Paris; Nazar Aga, interprète, Ali Khan, 1er secrétaire, et Taghi Khan, 2e secrétaire de l'ambassade, viennent à l'instant de souscrire à mes *Lettres*, ainsi que le D^r Ph. Faivre, médecin des théâtres impériaux, qui veut bien être gratuitement le médecin consultant de Frotey.

MM. Bisson frères, photographes de l'Empereur, viennent de m'envoyer aussi pour Frotey, six magnifiques vues des Alpes; et M. H. Leneveux, tout ce qui a déjà paru de la *Bibliothèque utile*, plus de 40 volumes.

AUX GENS DE FROTEY

DIGNITÉ ET BONHEUR DU PAYSAN.

> « Si scires donum Dei! »
> « Si vous saviez le don de Dieu! » (ÉVANGILE.)
>
> » O Fortunatos Nimium, sua si bona nôrint, Agricolas! »
> » Trop fortunés les paysans s'ils connaissaient tout leur
> bonheur! » (VIRGILE.)

Mes chers Concitoyens,

Ma seconde lettre vous a montré ce que c'est qu'un homme; celle-ci vous dira ce que c'est qu'un paysan.

Ce nom de paysan dont l'irréflexion, l'ingratitude ou l'orgueil des citadins mal appris a fait une sorte d'injure, et par lequel vous semblez vouloir vous déprécier vous-mêmes, est un des plus vieux et des plus beaux titres de gloire humaine. Paysan signifie : l'homme du pays, l'homme qui cultive, qui nourrit et qui défend le pays.

« Le paysan, dit un écrivain de cœur et d'esprit que je cite de mémoire, le paysan brave l'inimitié des saisons pour combattre, soumettre, féconder la glèbe et conquérir les moissons. C'est lui qui produit le pain et le vin, ces deux éléments de la force humaine, ces deux signes de la communion religieuse, choisis exprès pour prouver que le besoin unit l'homme à l'homme, à la nature et à l'univers.

» C'est aussi le paysan qui défend la terre, quand il le

faut; qui l'arrose de son sang, comme de ses sueurs; qui marche à la frontière pieds nus, sans pain, pour protéger, en même temps que sa famille et ses champs, les terres et les familles de ceux qui le méprisent.

» Quant à ceux, inutile fardeau de la terre, qui donnent le nom de paysan aux autres, ils ont raison : ils sont indignes de le porter. »

Mais si, chez nous, le cultivateur et son industrie, mère de toutes les autres, ne jouissent pas encore de toute l'estime à laquelle ils ont droit, combien, en revanche, n'ont-ils pas été jadis et ne sont-ils pas aussi, de nos jours, honorés chez d'autres peuples !

D'abord les grands poëtes et les sages de tous les temps, ont eu la passion de la vie et des occupations champêtres.

L'un des premiers en Grèce, Hésiode, dans son poëme des *Travaux et des jours*, a chanté l'agriculture dans une langue suave comme le miel, mélodieuse comme l'harmonica.

Dans le même idiome, le prince des troubadours, Homère, décrit avec complaisance les jardins d'Alcinoüs et nous montre Laërte, roi d'Ithaque, portant lui-même le fumier dans ses champs.

A Rome, le doux Virgile, à la sollicitation de son ami le grand Mécènes, ministre de l'empereur Auguste, composa ses *Géorgiques*, admirable poëme qui fit refleurir en Italie l'agriculture délaissée pendant les guerres civiles.

Était-ce dans les temples de pierre que le divin Jésus aimait à penser, à prier, à évangéliser? Non, c'était en plein air, sous la coupole du ciel, à l'ombre des cèdres, des oliviers ou des vignes ; parmi les blés, les jardins, sur les monts, dans les vallées, à la margelle des puits, au bord des lacs et dans les barques des pêcheurs, comme il empruntait aux mœurs des champs la plupart de ses paraboles.

Sont-ce des citadins qui ont reçu ses premiers enseignements ou bien les simples habitants des bourgs et des villages?

Les Egyptiens, peuple essentiellement laboureur, se croyaient initiés par la déesse Isis et par le dieu Osiris à l'art de cultiver la terre. Ils rendaient au bœuf, sous le nom d'*Apis*, des honneurs divins.

Les Grecs disaient avoir appris du roi Triptolême, à se servir de la charrue ; de la déesse Cérès, l'art de semer le blé ; de la déesse Minerve, la culture de l'olivier ; et du dieu Bacchus, celle de la vigne. Hercule, un demi-dieu, leur avait enseigné la chasse aux animaux nuisibles aux récoltes, et la manière d'assainir les étables.

C'était aussi d'un dieu, de Saturne ou le Temps, — le semeur, le producteur et le faucheur par excellence — que les Romains avaient reçu l'art d'ensemencer les terres.

Toutes ces légendes, prises à la lettre, sont des fables.

Mais, sous le voile de ces fables, se cache la vérité que voici : les peuples anciens divinisèrent par reconnaissance, — après leur mort, sans doute, — ceux de leurs rois ou de leurs grands hommes qui leur avaient apporté quelque invention agricole importante ; de même que nous, modernes Français, faisons parfois l'amende honorable d'une statue à quelque inventeur de génie que nous avons laissé mourir de faim.

Plus d'une fois le peuple romain envoya déranger, au

milieu des sillons, le dictateur appelé à sauver la république; et celui-ci, après le triomphe du Capitole, ne rougissait point de retourner à sa charrue.

Pendant la paix, les armées romaines construisaient des aqueducs, sillonnaient l'empire de grandes voies *ferrées* de granit, plantaient la vigne dans la Germanie, dans les Gaules, etc. Ne pensez-vous pas comme moi, mes amis, que nos soldats devraient aussi consacrer à d'autres exercices que ceux des armes, une bonne partie des énervants et coûteux loisirs des garnisons : creuser des canaux, endiguer les fleuves, reboiser les montagnes, défricher les landes, dessécher les marais, irriguer les prairies, réparer ou créer des chemins de vicinalité ou de défruitement, drainer les terres trop humides, etc? Quelle besogne ne feraient pas, chaque année, une armée de cinq cent mille travailleurs, un million de bras, les plus robustes du pays, occupés à des travaux productifs!

Chez les Chinois, qui attribuent à un de leurs rois, Ching-Hong, l'invention de la charrue, les fêtes de l'agriculture, — les plus solennelles de la nation, — sont ouvertes par l'empereur en personne. Le Fils du Ciel trace de ses propres mains le premier sillon d'un champ que les grands mandarins achèvent de labourer.

Ce fut à leur agriculture perfectionnée, à leur vaste système d'irrigations, que les Maures d'Espagne durent leur magnifique civilisation. Les califes de Cordoue étaient peut-être les monarques les plus riches et les plus puissants de toute l'Europe.

Philippe III, d'Espagne, voulant repeupler les fertiles contrées laissées désertes par l'expulsion des Maures, accorda les honneurs de la noblesse et l'exemption du service militaire à tous ceux de ses sujets qui voudraient s'adonner à la culture des terres.

Denis 1er, roi de Portugal, fit l'agriculture si florissante dans son petit royaume qu'il en reçut le surnom de *roi laboureur.*

En Russie, les *odnodvortsi,* nobles redevenus paysans, ont conservé tous les priviléges de la noblesse.

Louis XVI et sa cour, afin d'honorer l'importateur en France de la pomme de terre, Parmentier, et pour vulgariser rapidement ce *pain tout fait* qui a mis terme depuis cinquante ans aux famines dont l'Europe était périodiquement désolée, portèrent un jour à la boutonnière, dans la plaine des Sablons, des fleurs de cette plante; et, le soir, le roi et sa suite parurent à l'opéra décorés de ces mêmes fleurs. De là à créer pour le soldat de la glèbe, *l'ordre de la pomme de terre,* comme il y a la *légion d'honneur* pour le laboureur des champs de batailles, il n'y avait qu'un pas que le gouvernement impérial devrait faire. Cet ordre vaudrait bien celui de la Jarretière.

Une archiduchesse d'Autriche, une reine de France, Marie-Antoinette, se fit fermière à Trianon. Elle et ses dames d'honneur déguisées en laitières, en bergères, trayaient les vaches et menaient paître les moutons.

Le grand Franklin voulant prouver à ses voisins incrédules l'excellence du plâtre en poudre, comme engrais, en sema sur un champ de luzerne, de manière à former des lettres gigantesques. Un mois après, les voisins ébahis pouvaient lire cette inscription végétale, cette démonstration en trois mots vivants qui s'élançaient

en luxueux relief du milieu du champ de luzerne :
EFFET DU PLATRE!

Les Anglais, qui priment tous les peuples du monde
par le commerce, sont aussi les premiers agriculteurs de
l'Europe. Chez eux, le fermier marche l'égal du négo-
ciant par l'instruction, par l'aisance ou la richesse et
par la considération.

Enfin, nous commençons aussi en France à nous
apercevoir que nous avons trop négligé et dédaigné jusqu'ici la source principale de la prospérité du pays. En
effet, les comices et les expositions d'agriculture ; les
fermes modèles; les banques agricoles et le crédit fon-
cier; le prêt de cent millions décrété par l'empereur
pour encourager le drainage; les 25 millions votés pour
les chemins vicinaux; le rachat des canaux par l'État,
rachat qui rendra moins coûteux le transport des matières
premières; les travaux d'assainissement de la Sologne;
un commencement de mise en culture des landes; le
nombre, de jour en jour, croissant, des personnes riches
qui envoient leurs fils dans les fermes modèles ou qui
exploitent elles-mêmes leurs terres; cette idée, mise en
avant par les journaux, de fonder, pour les demoiselles
bien élevées dont la fortune n'est pas au niveau de l'é-
ducation, des écoles spéciales où nos jeunes agriculteurs
instruits, riches ou aisés pourraient trouver des com-
pagnes éclairées, reines compétentes de la ferme plus
utiles et non moins aimables que les reines des salons
parisiens; enfin, les décorations accordées par le gouvernement impérial à des paysans, tout nous montre un
retour marqué de la faveur publique vers les hommes
et les choses de l'agriculture, et nous fait augurer que

cette heureuse réaction ne s'arrêtera pas en si beau chemin.

L'homme, sans doute, ne doit pas se surfaire, mais il doit s'estimer tout ce qu'il vaut. L'ignorance de soi-même est subversive des rapports sociaux. J'espère, mes amis, que vous ne vous regarderez plus désormais comme des hommes de néant. Je crois vous avoir convaincus que sous le rapport de la dignité, de la valeur morale et de la considération, le paysan n'a rien à envier à personne.

Il nous reste à examiner maintenant si la condition matérielle du paysan est aussi pauvre et aussi malheureuse que vous le pensez. Mais précisons d'abord le sens des mots riche, pauvre, heureux et malheureux.

Si vous voyiez à Paris une famille d'artistes habiter, dans une maison bien tenue, un appartement décent; si, dans le salon meublé avec un air d'élégance et de confort, vous voyiez, à la lumière des candélabres ou des lampes dorées, les membres de cette famille en habits noirs, en robes de soie, en gants blancs, servir à leurs amis du thé, des gâteaux, des fruits, aux sons orchestrés d'un piano, vous vous diriez sans doute : que ces gens-là sont riches, heureux! Vous auriez raison, si ce luxe — superflu de la foule, nécessaire de l'artiste — était là par le choix, pour le plaisir de cette famille, et ne devait rien à personne. Mais combien les apparences sont trompeuses! Cet ameublement, ce bien-être d'un soir sont, hélas! commandés par une nécessité impérieuse. Ne faut-il pas inspirer confiance au propriétaire, aux fournisseurs, aux élèves riches qui estiment un artiste et choisissent un professeur non d'après son talent, mais d'après sa mise et ses meubles? Mais cet appartement situé au sixième étage, qui coûte de mille à deux mille francs, selon le quartier, enlève le tiers, la moitié peut-être du gain annuel de la famille! et cependant il est impossible aujourd'hui à un artiste marié de se loger décemment à moins. Mais cet élégant mobilier, loué peut-être, ou, s'il est acheté, peut être dû en totalité ou en partie, est la garantie forcée du propriétaire qui, pour un seul terme, d'un seul jour en retard, peut le faire vendre à vil prix dans les quarante-huit heures, sans remords de causer un dommage dix fois plus grand que celui dont il se plaint! Mais à côté de ce salon dont les canapés vont se transformer en lits tout à l'heure, vous verriez de mauvaises petites chambres à coucher garnies de grabats en fer et de chaises dépaillées! Mais ces habits noirs, ces robes de soie seront payés à tempérament, le double de leur valeur, s'ils ne sont pas d'occasion, et n'ont pas coûté tout le peu d'argent comptant donné par le Mont-de-Piété sur les bijoux de la femme, sur la montre du mari! Mais ces gants blancs avaient été achetés la veille au prix d'une semaine de privations pour une soirée de la comtesse de... qui fleurit gratuitement d'artistes son salon par des promesses de protection plus vite oubliées que faites! Mais ces gâteaux sont, peut-être, les restes du dîner de tout à l'heure pris à crédit chez le pâtissier, parce qu'on n'avait pas ce jour-là de quoi payer un pain chez le boulanger! Mais enfin, cette joie même du salon n'est qu'une joie de surface; car au fond de toutes les gaîtés, de toutes les distractions de l'artiste, il y a toujours, outre la mélancolique préoccupation du terme sans cesse entrecoupée des irritants coups de sonnette de la dette criarde, il y a toujours, dis-je, le ver rongeur de l'échéance, fin courant, et les terreurs de l'huissier et du protêt !

Ainsi, mes amis, cette famille d'artistes, forcée de dépenser plus qu'elle ne gagne, est pauvre, malgré le paraître ; elle est malheureuse aussi, car elle a un idéal élevé et des besoins très-développés qu'elle ne peut satisfaire.

Je connais tel médecin, tel avocat, tel notaire ayant par la dot de sa femme, un appartement doré, des meubles dorés, des valets à livrée, un coupé et peut-être des mœurs, lequel vous semblerait à plus forte raison un homme riche, un homme heureux. Mais ses frais de représentation qui dépassent le produit de sa clientèle ; mais son manque de philosophie ou de religion en fait au bout de quelques années un homme infortuné.

J'en connais d'autres, enfin, que vous croiriez richissimes : ils ont de cinquante à cinq cent mille francs de revenus en biens fonds, ou en gagnent autant, chaque année, dans l'industrie, le commerce, dans les jeux de bourse, dans le cumul des emplois.... Mais ils se ruinent en fastueux hôtels, en fêtes et festins de Balthasar ; en chevaux, en chiens, en femmes de course ou de théâtre ; en double ou triple ménage ; en vanités, en folies, en égoïsmes de toute espèce. Ceux-là, mes amis, sont plus pauvres et plus malheureux que vous et moi : plus pauvres, parce qu'il vient un moment où ils ne peuvent satisfaire aucun des nombreux besoins factices qu'ils se sont créés ; où ils sont obligés quelquefois de graisser les roues de leurs calèches avec de la pommade à 5 francs le pot prise à crédit chez le coiffeur parce qu'ils man-

quent de 80 centimes pour acheter une livre de saindoux (1) ; plus malheureux, parce qu'ils sont punis par
de terribles maladies chroniques — indigestion, goutte,
syphilis, dégoût, marasme, ennui — de leur violation
habituelle de toutes les lois physiologiques et morales.
J'appelle ces gens-là *pauvrissimes*, car ils ont souvent, à
la fois, toutes les sortes d'indigences, — il faudrait les en-
tendre marchander les leçons qu'ils font donner à leurs
enfants ! — et je les trouve d'autant plus malheureux
qu'ils ne se doutent pas de l'étendue de leur malheur : ô
pauvreté des riches et malheur des heureux !

L'homme riche et heureux n'est donc pas celui qui a
de grands revenus, de belles places ; qui gagne beaucoup
d'or, n'importe comment ; qui a de beaux habits, de beaux
appartements, de beaux meubles… C'est celui qui peut
donner satisfaction à tous ses besoins légitimes, — au premier rang desquels il faut placer la soif de l'idéal, le besoin d'avoir sans cesse de nouveaux besoins — celui qui
peut faire honneur à ses affaires dans la position sociale
qu'il occupe ; qui observe les lois physiologiques et mo
rales ; qui vit dans une noble indépendance des hommes
ne dépendant que de la nature et de Dieu.

Si vous admettez cette définition, mes amis, pouvez-
vous bien vous dire pauvres et malheureux, vous qui,
sans grand idéal, et jusqu'ici sans grands besoins, possédez superflûment le nécessaire : nourriture, vêtement,
logement, chauffage, éclairage, sommeil et repos ; et,
par dessus, la douce liberté de la campagne ?

Etes-vous pauvres, vous qui avez pour vous réconfor-
ter : un air vif, soleillé, suroxygéné, sans cesse renouvelé ;

____

(1) Historique.

3

des eaux courantes pures et limpides; les petits vins na-
turels de vos vignobles; les vinaigres non falsifiés de vos
vins; du froment, du seigle, de l'orge, de l'avoine, du
maïs, du sarrasin, du millet, des lentilles, des pois, des
fèves, des pommes de terre; des légumes et des fruits de
toutes sortes; sans parler des haricots de toutes les couleurs semés par tout le territoire, mais principalement
dans les vignes, à l'ourlet des sentes, au bord des *fosses*,
aux deux bouts des chenevières et jusque sur les talus
des routes? Quand de plus vous avez le lait chaud non
baptisé de vos vaches, qui vous donne : suave crème épaisse,
caillé frais, beurre nouveau battu, lait de beurre, fro-
mage blanc et fromagère? Quand vous avez encore le
petit salé, le lard fumé, les boudins, les grillades, les
saucisses de foie, les andouilles de trippes, le saindoux
de vos porcs et vos jambons de Pâques, émules de ces
fameux jambons séquanais que nos pères envoyaient à
Rome, dans tout l'Empire et jusqu'en Asie? — J'omettais
les œufs de vos poules, de vos canards, de vos oies. —
Quand enfin vous pouvez ajouter à tout cela le *macvin* [1],
l'eau-de-vie de *genne* [2], les huiles de vos noix, de
vos olivettes, de vos faines; le miel en rayons de vos
abeilles, et quand toutes ces choses sont semées, cultivées,
élevées, soignées par vous-mêmes et, bienfait suprême!
par vous consommées telles qu'elles ruissellent des di-
vines mamelles de la nature, telles que le bon Dieu
vous les envoie!

Étes-vous pauvres et malheureux, vous qui avez en
abondance pour vous vêtir : la laine de vos brebis, le

(1) Vin cuit.   (2) Eau-de-vie de marc.

chanvre et le lin de vos chenevières, filés par les rouets
et les fuseaux de vos femmes et tissés au besoin par les
tisserands du village ? Quand, pour quelques douzaines
d'œufs, pour quelques livres de beurre, vous pouvez vous
procurer blouses et robes de forte cotonnade ; et quand
il vous serait si facile d'ajouter à cela la bourre du ver
à soie du ricin, de l'ailante, du chêne et surtout le fil de
la grande ortie qui croit partout d'elle-même et dont les
jeunes pousses — mets favori des Irlandais et des Russes, —
vous feraient d'excellentes soupes épaisses et des fricassées
à vous lécher les doigts ?

Etes-vous pauvres et malheureux, vous qui, presque
tous, avez une maison spacieuse, aérée, qui ne coûte guère
que l'impôt et dont à peu de frais et de soins vous pourriez
faire une demeure saine, agréable ? Vous qui trouvez dans
le bois de *moule* [1], les fagots et les futaies de l'assiette,
dans les sarments des vignes, dans les tailles des arbres,
dans les vieilles rames, dans les vieux *pesseaux* [2], dans
les chenevottes, dans les épis égrénés des *turquies* un
chauffage économique plus que suffisant pour l'hiver ; et
dans les huiles de vos colzas, un éclairage non moins économique ?

Etes-vous bien à plaindre, vraiment, vous qui, tous les
soirs, vous couchez après souper, presqu'en même temps
que vos poules ? qui chaque matin vous éveillez aux
kikirikis des coqs, de toute votre nuit n'ayant fait qu'un
somme ? qui pour vous reposer de vos rudes, mais salutaires
labeurs, avez un dimanche plein, chaque semaine, et, de
plus, les jours de fête, les jours de pluie et les neigeux
loisirs de l'hiver dans vos poëles bien chauds égayés par

(1) Bois de corde. (2) Echalas.

ces grands repas où parents et amis s'attablent durant cinq et six heures d'horloge ; sans compter la fête patronale qu'on célébrait, de mon temps, pendant huit jours ?

Quoi donc ! vous ne vous sentez pas heureux d'assister chaque jour, sans dérangement, à ces splendides et gratuites féeries de la nature toujours les mêmes et toujours nouvelles dont vous-mêmes êtes les acteurs, dans ce théâtre sans rideau qui a pour lustres le soleil, la lune, les étoiles ; pour décors de vraies montagnes, de vraies vallées, de vrais bois, de vraies rivières, de vraies campagnes, de vrais horizons ; qui a pour chœurs les voix des faneuses, des moissonneurs et des vendangeurs, mêlées aux *Iaaou koukoukou !* des conscrits ; les gaies chansons du merle, de l'alouette, du pinson, de la fauvette ; la note plaintive et douce du crapaud alternant avec ces magistrales mélodies du rossignol qui font taire au loin, au près, le monotone coassement des grenouilles et la stridente crécelle des *cris-cris !* Dans ce théâtre enfin qui a pour orchestre : la flûte des zéphirs dans les peupliers et dans les saules ; l'harmonica des brises dans les blés houleux ; les guimbardes aux lèvres des garçons ; les fifres et les trompettes des vents dans les cheminées ; les basses et les contre-basses des écluses et des moulins ; les tambours des fléaux dans les granges et les grosses caisses des tonnerres dans les nuages ?

Quoi ! vous n'appréciez pas le plaisir divin de vous enivrer de tous ces autres concerts qu'exécutent pour votre odorat, pour votre goût, pour vos yeux, les aromes, les saveurs, les couleurs et les formes ? de respirer à pleins poumons les harmonieux parfums des jardins, des vergers, des champs, des prés, des vignes et des haies en fleurs ?

de humer les douces romances des primevères; des vio-
lettes, des acacias, des chèvrefeuilles, des muguets? le
voluptueux solo du lis? le pénétrant duo du basilic et du
réséda; du pois de senteur et du jasmin? le trio—extase du
flair — des aubépins, des églantines et des trèfles? de par-
courir dans la fraise, la cerise, la framboise, l'abricot, la
prune, la groseille, la pêche, la poire, la pomme et le
raisin, toutes les nuances de la gamme savoureuse acide
et sucrée? Vous n'appréciez pas le bonheur de désaltérer
vos yeux par les symphonies colorées de tous ces fruits,
mêlées à celles des coquelicots, des bleuets, des boutons
d'or, des lilas, des roses, des capucines, des mille teintes
vertes des feuillages? par les modulations, les variations
sans fin des sept couleurs réunies dans le prisme liquide
de l'arc-en-ciel? le bonheur de boire du regard ces mélodies de lignes et de figures chantées par tous les corps
solides de la terre et du ciel?

Enfin, mes amis, êtes-vous bien en droit de vous dire
pauvres et malheureux, quand le plus dénué d'entre vous
jouissant, comme le plus riche, de tout ce luxe de merveilles et de liberté est toujours sûr de vivre en faisant
des journées, en cassant des pierres sur la route, en glanant
de toutes les récoltes; en récoltant, lui aussi, de première
main, des herbes, des racines, des fruits sauvages parmi
lesquels l'ail des vignes, le camuzon ' des chénevières;
le verjus, l'épine-vinette, les mûres, les prunelles et les
aigrettes; en allant à la feuille pour sa chèvre; aux glands
pour son porc; aux épines, aux buis, au bois mort pour
son foyer; en louant un abri pour vingt ou trente francs

______

(1) Petit tubercule noirâtre.

l'année ; et puis en recevant de ses voisins, qui n'en sont point chiches, mille douceurs faites de si belle manière que le plus fier les peut accepter sans rougir ?

Comment donc, mes amis, avec tant d'éléments de bien-être, avec des santés florissantes entretenues par la variété des travaux en plein air, par des mœurs simples, par la paix de l'âme, par la gaîté ; comment avec des besoins peu nombreux, largement satisfaits, et lorsqu'à la saint Sylvestre chacun de vous peut sans effort nouer les deux bouts sur la gerbe de l'année ; quand entouré de l'amour et des soins de la famille, de la considération et de la bienveillance de ses voisins, il peut jouir d'un paysage divin où tout lui est ami : le ciel, les hommes, les animaux, les ronces, les pierres même ; quand enfin chacun de vous est sûr de reposer dans le cimetière du village au milieu des siens, de mêler sa cendre à celle de sa mère et de vivre dans la mémoire de deux ou trois générations de ses concitoyens ; comment, dis-je, avec tant d'éléments de bien-être matériel et moral vous est-il possible de vous estimer pauvres et malheureux ?

C'est encore par ignorance de vous-mêmes ; c'est parce que vous êtes riches et heureux sans le savoir. Ah ! si vous connaissiez les biens dont Dieu vous a comblés ! — *Si scires donum Dei!* — vous verriez que vous avez du bonheur à revendre à ceux qu'on appelle les heureux du monde, à ceux dont vous avez maintes fois, sans doute, envié l'apparente félicité :

« O fortunatos nimium, sua si bona nôrint, Agricolas ! »

Trop fortunés les paysans, s'ils connaissaient tout leur bonheur ! s'écrie le tendre Virgile. Et vous pouvez l'en croire, lui qui avait pu comparer la vie simple mais quiète et libre du village avec la vie fastueuse mais inquiète et dépendante des capitales; lui qui avait expérimenté le bonheur d'apparat des courtisans, auquel il préférait le modeste bien-être de l'homme des champs; lui enfin qui, quoique l'ami d'un grand ministre et d'un grand prince chantait les loisirs des bergers, l'art du labour, de l'éducation des arbres, des abeilles et des troupeaux !

Connaître votre bonheur : voilà donc, mes chers amis, ce qui vous manque pour être complétement heureux.

Mais, comment le connaîtrez-vous ?

Par la réflexion d'abord. L'habitude du bien-être nous blase à la longue sur toutes les choses dont il se compose. Ces choses s'offrent d'elles-mêmes à nous, chaque jour, sans interruption; nous en usons machinalement et comme à notre insu ; mais nous n'en jouissons pas. Pour en jouir vraiment, il nous faudrait y être attentifs et les analyser. Voilà pourquoi je vous énumérais, tout à l'heure, un à un tous les biens que vous possédez sans y prendre garde.

Maintenant donc, mes amis, pensez chaque jour et à chaque heure aux trésors de bien-être que Dieu vous a prodigués ; pensez à ce que vous souffririez si vous en étiez privés. Vous ferez ainsi naître en vous le sentiment religieux avec l'admiration, l'enthousiasme et la reconnaissance ces trois belles choses si douces, si saines à l'âme! La réflexion vous fera apprécier les personnes et les choses d'après leur valeur réelle et non d'après leur valeur de convention, de mode ou de caprice. Elle vous enseignera aussi la modération des désirs. Rien n'est plus funeste à notre bonheur qu'une insatiable cupidité, que

l'ambition d'une fortune rapide ; que l'envie du bonheur
des autres. La sagesse, fruit de la réflexion, vous dira
que l'homme doit gagner de l'argent pour vivre et non
vivre pour gagner de l'argent ; qu'il est bien difficile de
s'enrichir rapidement sans faire quelque accroc à son honneur ; que l'homme qui réalise par an 3,000 fr. dans un
village, 6,000 fr. dans une grande ville et qui spécule
pour réaliser davantage manque de prudence et mérite
de faillir.

La réflexion vous fera comprendre également que ce
qui vous manque pour être heureux au milieu de tous les
éléments du bonheur, c'est l'éducation, c'est l'instruction L'homme n'a pas que son corps à soigner, à nourrir, il a encore et surtout son cœur et son esprit. L'éducation et l'instruction développent l'un et l'autre. Sans
elles il est impossible de trouver une jouissance spiri-
tuelle à rien de ce qui compose la vie des champs ; on
n'est sensible qu'à l'intérêt matériel. Avec un cœur et
un esprit cultivés, chaque chose a pour nous un sens,
un enseignement, un plaisir moral ; les objets nous in-
téressent par d'autres aspects que le côté grossièrement
utile ; nous trouvons dans un pré, une vigne, un blé,
d'autres jouissances que celle de compter sur les doigts
combien ils nous rapporteront d'écus sonnants. Tout se
poétise, s'idéalise et s'embellit à travers le prisme du
sentiment et de l'imagination. Un paysan élevé, instruit,
trouvera plaisir et profit moral à considérer un brin
d'herbe, une fleur, un raisin, une épi, un insecte et
jusqu'au caillou roulant sous ses pieds. Et puis, mes
amis, avec de l'instruction vous pourriez doubler et tri-
pler vos récoltes en peinant deux et trois fois moins. Vous

sentiriez et comprendriez combien est déjà grand votre bien-être, combien il vous serait facile de l'augmenter et de faire de votre petit village par la réalisation d'une commune modèle, un vrai paradis terrestre.

Un autre moyen de connaître et d'apprécier votre bonheur relatif ce serait de pouvoir comparer par vous-mêmes la vie du prolétaire villageois avec celle du prolétaire parisien.

Des rebuts de viande, de légumes, d'épicerie ; des fruits surs et véreux ou trop mûrs et pourris ; une eau fade bientôt corrompue et chèrement payée ; deux liquides menteurs n'ayant du lait et du vin que la couleur et le nom : voilà, avec le pain, heureusement ni trop mauvais, ni trop cher, ce qui compose à Paris la nourriture ou plutôt, le trompe-faim ordinaire de l'ouvrier chargé de famille.

Le vêtir répond au nourrir. Sous le climat si brusquement variable de Paris, il faudrait au prolétaire des habits et du linge de rechange, de la flanelle sur la peau, etc. Mais comment pourrait-il par le nombre et la qualité des vêtements s'armer contre la fluxion de poitrine toujours imminente, ce pauvre ouvrier qui gagne à peine de quoi substanter très-mal et loger plus mal encore lui-même et sa famille ? Il se couvre donc, plutôt qu'il ne s'habille, de défroques achetées aux fripiers du Temple, défroques auxquelles le goût français de sa femme ou de sa fille donne, pour le dimanche, un air décent. Mais n'allez pas juger de sa garde robe sur sa tenue proprette des jours de fête. Dieu vous préserve jamais des loques et des misères cachées sous cette apparente aisance qui fait illusion aux étrangers et leur fait prendre l'ouvrier parisien endimanché pour un petit rentier !

Le logement, — quand par hasard le prolétaire trouve à se loger dans Paris, car les propriétaires renouvelant à leur manière le massacre des innocents ne veulent plus recevoir d'enfants dans leurs maisons, — le logement, dis-je, forme avec l'habillement et la nourriture un accord diabolique parfait. Le prolétaire est obligé, à cause de la cherté sans pitié et cependant toujours croissante des loyers, d'entasser sa famille soit dans un bouge humide et sombre, au rez-de-chaussée où elle se couvre de rhumatismes et d'humeurs froides ; où elle blémit et s'étiole ; soit dans une mansarde du cinquième, du sixième ou du septième étage, où elle rôtit en été, grelotte en hiver, s'asphyxie et devient phtisique en toute saison. Les privilégiés sont ceux que la disette des petits logements et l'horreur des propriétaires pour les enfants forcent à émigrer dans les banlieues, quelquefois à sept ou huit kilomètres de leurs occupations ! Ceux-là, du moins, trouvent de l'espace, de l'air et de la lumière, surtout si, brusquement expulsés de leur domicile pour un terme ariéré et vaguant à la recherche d'un logeur qui n'exige pas un terme d'avance, ils sont obligés, comme cela arrive quelquefois, d'élire domicile provisoire à la belle étoile. Car il est aujourd'hui constaté que l'horreur des propriétaires pour les enfants est un mal contagieux ; et le bruit court qu'un certain nombre de propriétaires d'au delà des fortifications auraient été mordus par des propriétaires parisiens.

A Paris, le prolétaire ne compte ni le chauffage, ni l'éclairage parmi les objets de première nécessité. On se paie donc, quand on le peut, le luxe d'un coteret de 25 centimes et d'une chandelle puante de deux sous, à moins cependant que la profession ne demande absolument lumière et feu; alors on épargne sur sa maigre pitance de quoi acheter l'une et l'autre.

A plus forte raison le sommeil, le repos et le plaisir sont ils ici choses superflues pour le prolétaire! Il dort, se repose ou s'amuse, non pas quand il en a le temps, il ne l'aurait jamais, mais quand, harassé de nuits blanches, de courbatures et d'un travail forcé éternellement monotone, il est contraint par l'instinct conservateur de s'arrêter et de changer pour un moment sa manière de vivre. Alors, il se jette un instant sur la paille de son grabat, ou noie pour un jour sa misère dans l'eau de mort et le vin bleu. Une ou deux fois le mois, le dimanche, après avoir engagé quelques hardes au mont-de-piété, il s'en va avec sa femme et ses enfants tantôt avaler la poussière dans les banlieues en fête; tantôt respirer un air ardent, infect, se brûler les yeux, suer à grosses gouttes, souffrir l'enfer enfin dans le paradis d'un théâtre de boulevard!

Trop souvent la maladie vient mettre le comble à tant de misères. Quand le pauvre ouvrier n'a pu — ce qui est fréquent — économiser la petite somme nécessaire pour être admis dans une société de secours mutuels, il lui faut entrer à l'hôpital et abandonner sa famille à la charité publique! Je laisse à votre imagination le soin de vous peindre, si elle l'ose, le tableau que ma plume se refuse à esquisser!

Vous pourrez, mes amis, mesurer la profondeur de la misère du prolétaire parisien si je vous dis que son ambi-

tion c'est le sort du galérien du travail monotone, c'est...
une loge de concierge ! Oui, être jour et nuit, pour deux
ou trois cents francs par an, attaché au cordon d'une
sonnette, dans une niche noire et suintante d'où cerbère
à deux têtes, il pourra, pour se venger sur eux de ses
souffrances passées et de ses *jouissances présentes*, déchi-
rer de la langue et des dents le troupeau de locataires
placé sous sa garde : voilà son espoir, ses invalides rê-
vés, son idéal de repos et de bien-être ! Hélas ! l'infortuné
a bientôt perdu son illusion. Une loge est vide ; il court
s'offrir radieux d'espoir : mais on veut *le mari et la femme
sans enfants*, et il en a sept !!! L'heureux malheur d'une
loge n'était donc point fait pour lui !

Voilà, mes amis, sans exagération, voilà photographié
l'état misérable du prolétaire parisien, vivant non-seu-
lement au jour, le jour, mais à l'heure, l'heure ; voilà le
sort auquel s'exposerait l'ouvrier père de famille qui ne
craindrait point d'abandonner son village ou sa petite
ville pour venir chercher fortune à Paris. Ce n'est pas
là ce que vous avez entendu dire jusqu'ici. Mais je vous
en conjure, ne jugez pas de la vie parisienne d'après le
séduisant tableau que vous en feront les domestiques
qui accourent échanger ici leur dignité et leur moralité
contre des écus. Moi j'habite et j'étudie la capitale depuis tantôt vingt-cinq ans et j'ai pu voir de près les
souffrances des classes déshérités, écoutez-moi donc quand
je vous crie de toutes les forces de mes poumons :

Mes amis, gardez-vous de Paris ! S'il est l'Eden de
convention des riches, il est l'enfer réel des pauvres dont
il irrite sans cesse les désirs sans les jamais satisfaire.
Le riche seul a le temps et l'argent nécessaires pour jouir

de ces boulevards, de ces avenues, de ces quais, de ces places, de ces jardins, de ces squares, de ces palais, de ces monuments, de ces musées, de ces théâtres... de toutes ces merveilles humaines qui font de l'antique Lutèce, — la *ville de boue* — toujours digne de son nom — la Babylone des Babylones. Pour le pauvre, Paris n'est qu'un four à chaux, l'été; l'hiver, qu'une glacière et un lac fangeux; en tout temps, une immense prison, un labyrinthe sans fin de ruelles entre des maisons hautes comme des montagnes qui dérobent la vue du ciel; de ruelles où croupit l'air; où puent les ruisseaux stagnants; où grouillent, bras dessus, bras dessous, l'ivrognerie et la débauche. Pour le pauvre, les vastes boulevards de Paris n'offrent que la peur continuelle de l'écrasement sur la chaussée et le scandaleux, le démoralisant spectacle des courtisanes enrouées qui tantôt étalent leur honte au soleil du gaz dans la dentelle, dans le velours et dans la soie, sur l'asphalte des trottoirs, au-dessus du tartare des égouts; tantôt la promènent, couvertes d'or, de perles et de diamants, au grand soleil de Dieu, dans des équipages à la Daumont dont elles éclaboussent les coupés des femmes honnêtes et des grandes dames esclaves de leurs modes déshonnêtes. Pour le pauvre, les larges quais de Paris ne sont que le lit du fleuve, égout des égouts, qui roule le suicide dans ses flots verdâtres, dans ces eaux immondes qu'on nous fait boire filtrées, il est vrai, mais en oubliant de filtrer aussi nos imaginations. Pour la femme pauvre, les squares, les jardins, les théâtres... ne sont que la tentation continuelle et trop souvent hélas! l'écueil de sa vertu. Partout le libertinage la guette et la poursuit pour la jeter en pâture au vice, à la misère, au désespoir et à la morgue. Enfin, pour les pauvres, Paris n'est qu'un bagne, un hôpital et un cimetière de dix à douze lieues de tour où la place manque aujourd'hui aux nouveaux arrivants : puisse-t-elle vous y manquer toujours!

Encore une fois donc, mes chers amis, gardez-vous de Paris! de Paris où l'on s'enrichit le plus souvent par la fraude, par la réclame menteuse; par toutes sortes de spéculations honteuses sur les vices de l'humanité; par l'oubli de tout ce qui fait la dignité et la grandeur de l'homme!

Gardez-vous de Paris où toujours il vous faudrait avoir l'argent à la main; où, honnête homme râpé, vous ne trouveriez crédit ni d'un petit pain, ni d'un canon de vin, ni d'un quart de sucre, ni d'un morceau de brique cassée dont vous auriez besoin pour caler votre poële; mais, où, fripon en gants blancs, vous verriez tous les salons, tous les cœurs et toutes les bourses s'ouvrir à l'appât de vos dividendes imaginaires.

Gardez-vous de Paris où l'on peut voir des femmes, des jeunes filles attelées comme des bêtes de somme, aux voitures des porteurs d'eau; des hommes disputer aux chiens des os parmi les ordures des ruisseaux; de Paris, ce désert d'hommes où le pauvre honteux peut mourir de faim aussi sûrement qu'au milieu des sables de l'A-frique, des glaces de la Sibérie; où certains philan-thropes sont plus à redouter pour le malheureux que la dent des tigres, des ours blancs et des anthropophages!

Gardez-vous de Paris où les riches, jeunes et vieux des cinq parties du monde viennent dégrader leurs âmes et pourrir leurs corps dans des orgies qui feraient rougir des brutes! où la misère inscrit annuellement plus de cent mille noms sur les registres de l'assistance publique! où circule à la barbe d'une armée de sergents de ville, au cœur même de la civilisation la plus raffinée, une armée de vingt-cinq ou trente mille sauvages — repris de justice, voleurs, assassins — qui se jouent des lois, des biens et de la vie des honnêtes gens.

Gardez-vous de Paris, où la famille est dissoute par une fausse éducation ; par l'émancipation prématurée des adolescents flétris de vices et de tabac ; par les mariages d'argent ; par un concubinage effréné qui donne chaque année sur le total des naissances un tiers de naissances illégitimes officiellement constatées; par l'irréligion, l'athéisme et l'immoralité.

Fuyez Paris où la mère absorbée par les affaires où les plaisirs ne peut, ou ne veut plus nourrir ses enfants ! où le propriétaire malthusien commande au locataire, par ses exigences sans nom, l'infanticide anticipé, ne réfléchissant pas, l'imprudent, qu'en chassant de sa maison l'innocence avec les enfants il en chasse en même temps la bénédiction et le paratonnerre !

Fuyez Paris, cette ville du *chacun pour soi, chacun chez soi*, d'où la prévoyance humaine a banni la providence divine; où la caisse d'épargne, qui a remplacé le temple et qui s'emplit des économies de la paresse et du vice autant que de celles du travail et de la vertu, tend à faire du cœur du peuple une tire-lire et un livret !

Fuyez Paris où la foule n'a d'autre idéal que celui de gagner de l'argent et de vivre de ses rentes afin de bien manger, de bien boire, de bien s'amuser, de bien dormir, oubliant ou ignorant que l'homme doit toujours avoir un but, un idéal nouveau à poursuivre ; qu'un homme satisfait est un homme mort, ou à peu près ; qu'un peuple de rentiers serait bientôt un peuple de momies.

Fuyez Paris, où le sordide amour du gain qui envahit jusqu'à l'artiste, où la fraude, le vol et la débauche, ennemis du soleil, ont transformé la nuit en un faux jour fumeux et infect d'huile et de gaz ; où, pour se venger, le Soleil-Apollon nous a envoyé la hideuse photographie, non, comme nous nous en plaignons, pour nous défigurer, mais pour nous portraire aussi laids que nous sommes.

Fuyez Paris à l'atmosphère saturée d'acide carbonique et de volupté, Paris mortel au corps et à l'âme, Paris enfin où Mercure, Bacchus et la Vénus impudique règnent à l'ombre de la croix sur deux millions de chrétiens !

Oui, mes amis, fuyez, fuyez Paris ; gardez, oh ! gardez-vous de cette Babel où tout ne raconte à l'homme que l'homme, le fini, le néant ! où rien ne lui rappelle son origine, sa destinée divine ! où rien ne relève sa tête vers le ciel que les fusées et les ballons ! Restez dans le paysage où tout vous entretient d'infini, d'immortalité, où Dieu vous parle à l'oreille et au cœur ; restez au vil-village, seul séjour possible de la vie heureuse, au gentil petit village de Frotey où je n'aspire plus qu'à retourner pour instruire vos enfants, pour y planter des choux et y greffer des roses en attendant le moment de rejoindre ma sainte mère dans sa petite tombe contre l'église en face la porte du cimetière. Ah ! quand je quitterai la Sodome où j'ai presque vieilli je n'aurai point à craindre, croyez-moi, d'être changé en statue de sel !

En terminant, laissez-moi, mes amis, crier aussi aux prolétaires francomtois, qui meurent lentement à Paris de tous les besoins, ainsi qu'à leurs frères phtisiques de toutes les grandes villes :

Pauvres misérables! voulez-vous mettre enfin un terme à vos intolérables souffrances, sortez, sauvez vous des Babylones, allez recouvrer la santé de l'âme et du corps au sein de la sainte, de la saine nature ; vous suspendre de nouveau au *labourage et au paturage ces puissantes mamelles de la France,* comme disait Sully, le grand ministre ami du peuple et de Henri IV.

La légende biblique nous apprend que Dieu plaça dans un grand jardin ou paradis, au milieu des champs, et non dans un Paris, l'humanité naissante parfaite, heureuse ; et que l'homme ne perdit la perfection et la félicité qu'après avoir quitté ce divin séjour. La légende a raison : le bonheur est dans la campagne ce délicieux jardin du bon Dieu, retournons y donc, infortunés, retournons dans l'Eden où nous n'avons pas su demeurer.

Une autre voix nous y rappelle, bien autrement autorisée que la mienne. Dans les généreux articles sur l'*extinction du paupérisme* que publiait, en 1844, dans le journal du *Pas-de-Calais,* le prince Louis-Napoléon Bonaparte, alors prisonnier d'État, aujourd'hui le premier des souverains de l'Europe, ce prince disait :

« L'industrie appelle tous les jours les hommes dans les villes et les énerve. Il faut rappeler dans les campagnes ceux qui sont de trop dans les villes et retremper en plein air leur esprit et leur corps »

Mes amis, si j'avais l'honneur d'obtenir une audience de Sa Majesté Napoléon III je lui dirais :

« Sire, pour que le trop plein de la population des grandes cités refluât rapidement dans les campagnes, il faudrait que les ouvriers y trouvassent les avantages qu'ils courent vainement, pour la plupart, chercher dans les capitales. La commune rurale que je propose réunit tous ces avantages. Daignez donc, Sire, vous Empereur philosophe, démocrate et socialiste, dans la meilleure acception de ces mots, daignez au milieu de la *nation modèle* que vous travaillez à faire, aux applaudissements de l'Univers, daignez m'aider à créer la *commune modèle* de Frotey-lez-Vesoul.

« Pour que la France puisse, sous votre impulsion puissante, réaliser dans le monde l'*unité humanitaire*, il faut qu'elle achève auparavant chez elle l'*unité nationale* qui n'y est qu'à moitié faite. Il n'y a plus, il est vrai, entre l'Océan, la Méditerrannée et le Rhin les trente deux petites Frances qu'y formaient nos provinces avant 89 ; la révolution en a fait cette unique, cette grande et belle France que vous gouvernez si bien. L'unité matérielle est achevée ; elle est ou sera bientôt parachevée, grâce à votre aigle partout vainqueur. Mais il y a encore chez nous, comme sous Louis XV, des paysans et des citadins, des ignorants et des lettrés, c'est-à-dire *deux peuples dans un même peuple.* Ma commune modèle généralisée, en constituant l'*unité morale et intellectuelle*, consommerait ainsi *l'unité nationale.*

« Sire, la Providence semble vous avoir confié cette grande mission de *consommer* l'unité française. Au nom

de Dieu donc et de votre gloire aidez-moi à fonder ma
commune modèle de Frotey-lez-Vesoul »

Voilà, mes amis, ce que je dirais à Sa Majesté Napoléon III si j'avais l'honneur d'en obtenir une audience.

AUGUSTE GUYARD.

Paris, 25 juillet 1863.

EN VENTE

1re ET 2e LETTRES AUX GENS DE FROTEY sur une commune
modèle. Prix : 2 fr., au profit de l'œuvre de Frotey.

Pour paraître prochainement :

QUATRIÈME LETTRE AUX GENS DE FROTEY.

Cette quatrième Lettre traitera de l'émancipation intellectuelle
et de l'émancipation morale.

BULLETIN BIBLIOGRAPHIQUE.

Je recommande tout particulièrement à mes lecteurs :

1° **La Bibliothèque utile** consacrée à la vulgarisation des connais-
sances les plus indispensables, rédigée par les hommes les plus compé-
tents et publiée par M. H. Leneveux. Chaque série de 10 vol. 5 fr. —
Chez Dubuisson, 5, rue Coq-Héron.

2° **Les Récréations instructives** de M. Jules Delbruck, illustrées
de très-intéressantes images synoptiques coloriées. — Chez Hachette,
boulevard St-Germain, 79.

    Ce beau livre peut être mis, sans examen et sans contrôle, entre les
mains des enfants.

3° Les splendides éditions illustrées du **Robinson Crusoé**, du
Robinson suisse et des **Contes** du Chanoine Schmid, publiées
par M. Garnier frères, 6, rue des Saints-Pères.

4° **L'Histoire d'une Bouchée de pain**, les *Contes du petit
Château* et *l'Arithmétique du Grand-Papa*, de Jean Macé. — Chez
Hetzel, 18, rue Jacob.

5° **Études** *sur la Vie et les Œuvres de Channing*, par M. Ch. de Rémusat.

6° **Histoire de la Philosophie**, par M. Cousin. — Nouvelle
édition.

7° **Éducation des Femmes**, par Mlle de Lajolais. — Ces trois derniers ouvrages chez Didier, 35, quai des Grands-Augustins.

8° **Les Missionnaires du progrès agricole**, par A. Sanson. —
Chez Hachette.

Auguste Guyard.

Paris.—Imp. de E. Donnaud, rue Cassette, 9.